D1690957

BIRGIT MÜLLER-WIELAND
REISEN VERGEHEN

Für Christina,
die mir so
wunderbar beim
Aufrechtgehen
hilft –

von Herzen
Birgit

München, 15. März 2016

BIRGIT MÜLLER-WIELAND

REISEN VERGEHEN

GEDICHTE

OTTO MÜLLER VERLAG

www.omvs.at

ISBN 978-3-7013-1240-5

© 2016 OTTO MÜLLER VERLAG SALZBURG-WIEN
Alle Rechte vorbehalten
Satz: Media Design: Rizner.at
Druck und Bindung: Druckerei Theiss GmbH, A-9431 St. Stefan

INHALT

Ursprung

Ursprung	11
Engel im Brutkasten	12
Heimkehr mit Schlagherz	13
Sommertag in Unterach	14
Immer wieder, überall	15
Milchwaldlabyrinthe	16
Flugschnee	18
Im Krieg	19
Mitten im August	20
Internat in Bad Aussee	21
Tschurtscherl	22
Besuch in Salzburg	23
Angstblüte	25
Gottesteilchen	26
Wach	27
Gartenlied	28
Am Attersee	29
Trostgebiet Wald	30
Warten auf den Anruf	31
Von Neapel nach Cuma	32
Olympiaberg, München	33

Es ist immer wieder ein Fest

Füße, maßlos	37
Nacht, besonders	38
Unreines Liebes-Sonett	39
Der Himmel verschwendet sich	40
Hochzeitsreise, Patmos	41
Dies also ist die wehrloseste Liebe	42
Klinikum Westend, Berlin	43
Im Hirschgarten, München	44
Septemberabend, Frankfurt-Dornbusch	45
Jahreszeiten mit Kind	46
Der Engel hat nicht aufgepasst	47
Manchmal, im Frühling	50
Ausgerechnet in Benediktbeuren	51
Küchenverschwörung, einmal im Jahr	52
Es ist immer wieder ein Fest	54

Wo der Bärlauch tobt

Wo der Bärlauch tobt	59
Am Wegrand, einen Maulwurf entfernt	60
Capri-Theater 1	61
Hören und Sehen	62
Manhattan-Flug	64
Capri-Theater 2	65
Fehlfarbe, Oktober	66
Schneeangriff	67
Fahrt nach Osten	68
In Drohobycz	69
Hermes in Transkarpatien	70
Lwiw/Lwow/Lemberg	71
Skizze: Floß der Medusa	72
Reisen Vergehen	74
Französische Meister	75
Stories, Rom	76
Vilenica/Lipica	77
Unter den Schirm der Melancholie	79
Tragödie, griechisch	81
Wie in Lukanien	83
Likithos	84
Spätsommer	85

Ursprung

Ursprung

Seit vielen Jahren also gehe ich über die Grenzen dort wo
du mich Morgen für Morgen aus dem Schlamasselschlaf
ziehst schmutzige Münzen wie Sterne wirfst vornehm
die Himmel erklärst die Finger mir badest im Mund
sie zum Wunder deutest und Namen findest für
alles und nichts treibt mich so zu mir selbst
wie dein Lachen und meine zwei Länder –
jenes aus dem ich komme das andre
in das ich geh – kleiner Krieg
kleiner Friede da wo
der Herzfluß
entspringt
mitten
im

Kopf

Engel im Brutkasten

Nachts wie man weiß
steigen die Engel
in die Brutkästen

Ich sah den kleinsten
liegen bei unserem Kind

Er zupfte an den Kabeln
ob sie auch richtig angeschlossen sind
und prüfte die Kindesnase
mit dem feinen Schlauch

Zum Monitor horchte er natürlich auch
der ihm in Rot und Gelb und Grün
in Wellen und in Zacken zeigte
wohin das Herz sich neigte Atem Gehirn

Frühmorgens schmatzte der Engel
seine Lippen auf die winzige Stirn
und flüsterte unserm Kindchen ins Ohr

Sah sich kurz um
und ging durchs Glas wie der Wind bevor
ich noch die Klappen vollständig öffnen konnte

Heimkehr mit Schlagherz

Diese Landschaft, da
vorne, nein, hinter mir, diese
zerbeulte Gegend aus Bergen, Schloten
und Seen, wir sind, kann ich sagen, befreundet
inzwischen, begegnen uns auf gewisse Weise verwegen,
tauschen Blicke und das bekannte Geheimnis –

weißt du noch, – nur du und ich

allein

Sommertag in Unterach

1　Vollkommen alles
　　ist vollkommen hier
　　sehn wir weiter was leuchtet
　　sind unsere Beine verschwommen
　　zwischen freundlichen Steinen tänzeln
　　schmale Fische silbriges Schmatzen
　　an unseren Waden türkise Küßchen
　　wir baden im schmerzlosen Blau

2　Vergessen alles
　　haben wir vergessen später
　　erst nachts werden wir wissen
　　das waren die langen Finger
　　an unseren leichten Füßen
　　das war das kalte Fließen
　　waren die Toten
　　Fingerspitzen die kitzeln

Immer wieder, überall

1   Nachts kommen sie
     steigen die Treppen hoch bleiben
     stehn vor den Zimmern in denen
     sich andere drehn im Traum

     Sie warten wer hört
     sie atmen wer hört sie gehn
     wer sieht was im Finstern hier
     geht nirgends ein Licht

2   Nachts kommen sie
     steigen die Treppen hoch gehn
     weg von den Zimmern den
     schlafenden Kindern und Fraun

     Jetzt knacken die Dielen

     Jetzt drehn wir uns
     aus unserem Traum

3   Jetzt

                    geht die Türe

                                        auf

Milchwaldlabyrinthe

Vielleicht liegt es am Föhn heute oder am Datum,
das ihr beide nicht erinnern konntet, ja, der Anschluß,
damals, aber ich weiß nichts mehr, gar nichts –

Jedenfalls kommt ihr soeben durchs offene Fenster
geflogen, zwei gefleckte Flügelwesen, ein wenig zerzaust
vom Jenseits oder von dem, was zuvor geschah –

Gegacker höre ich, ein Gurren, ihr lacht
den flachen Computer aus, umschwirrt die Geräte
meines Jahrhunderts, die keine von euch je sah –

*

An diesem Märztag also schauen, einfach so, während ich
meine dröhnenden Schläfen massiere, meine beiden
Großmütter vorbei, drehen eine Runde, zwei oder drei,
　　streifen mich,
streuen Engelsgekicher in die Unordnungen des Raums –

*

Später lehne ich am geschlossenen Fenster,
wars der Wind, ein Trug, Wahn, Traum, gern wär ich
sicher, doch alle Himmel schweigen mich an,
siehst du, höre ich mein Kind, es gibt sie, die Gespenster –

*

Nachts bricht der Föhn zusammen, und
die Sterne werden glänzende Brotkrumen –

Leuchtspur geheimer Auswege,
Milchwaldlabyrinthe –

Flugschnee

So wie das Sofa alles weiß und speichert
und mit den Jahren schuppiger wird,

werden auch die Fenster sich mit Schlieren
überziehen, bald.

Das Dach, wir hörn es knistern, als wär es schon Papier,
hält an uns fest, fragt sich, wie lange

in den Fugen noch die Füße frösteln und Finger
über Tasten gleiten, Flugschnee, piano possibile.

Im Krieg *Frühjahr 2003/Irak*

Abends trommeln Bilder
uns in den Schlaf nachts
knarren die Dielen abgenutzt
stehen wir morgens im Bad
unter der einschießenden Sonne
suchen wir unsere Blicke
verlorene Brillen und alles
nicht wirklich

Mitten im August   *Georgien 2008*

Etwas hat sich verändert alles
ist weiß geworden mitten im August
nein schwarz wie ihre Augen ohne Schlaf
streift sie die Handschuhe über
greift den alarmroten Kübel auf
zur Tat in meiner Wohnung
tanzen graue Flocken alles wird
sagt sie gesäubert fischt den Lappen
aus der Brühe alles wird
vorm Fenster zischen den Kindern
Eiskugeln um die Ohrn

Seit Tagen ist ihr Land im Krieg
mit einem anderen nun
rastet das Bügelbrett ein und
glatt wird die Wäsche wie nie
nach dem jungen Mann frage ich
sie wollte am Monatsende zurück und dann
wirds schwarz von Westen
neue Unwetter kommen daher ich weiß
sie wollen Zischen Dampf doch ein Kind
ja sagt sie
noch lebt er

Internat in Bad Aussee

In Erinnerung an P.

Hier saßen wir in Tracht
eingenäht unter Narzissen

Die Lehrer beugten sich lächelnd vor
und wollten so manches wissen

Das Haus der ersten Liebe steht noch dort
Und übers Dach zog damals ein spezieller Mond

Wir schickten ihm heiße Wünsche hinauf
(Wär übertrieben zu sagen daß es sich lohnt)

Hier steht der Berg noch. Noch immer wird er Loser genannt
Und Ascheflocken seh ich von seinem Gipfel schweben

Den, der da fliegt, hab ich früher einmal gekannt
Es rieselt der helle graue Regen

Ringsum das üblich Schöne:
Natur

Ein buntes Schweigen
aus dem es ruft:

Ich wollte als Grab die Ausseer Luft

Tschurtscherl

Jedes Jahr Ende November führte sie mich
in den Wald hinein, eine kleine schaukelnde Hexe
mit Kopftuch und Korb, die alle Namen wußte
und die richtigen Plätze, zu den braunen Männlein,
wie sie sagte, lotste mich meine Großmutter, ich
stolperte, manche fielen uns auf den Kopf.

Auch andere Schätze sammelten wir,
so lange, bis ich ebenso bucklig ging.
Beim Heimgehen stieg Rauch auf,
es dämmerte zwischen den Stämmen,
Immer fand sie den Weg hinaus.

Anderntags zeigte ich mit goldenen Fingern
meine Adventslandschaft:
Fein wie grünes Teddybärenfell mein Wald
aus Moos, Stern und Kugel, Tannenzäpflein,
Tschurtscherl, wie sie sagte, glänzend übermalt.

Besuch in Salzburg

　　　　　　　　　　　Für M. und H. und U.

Wie das kommt weiß ich nicht
aber in Salzburg sind die Toten so frei

Sie finden mich immer
schnell und erstaunlich wie Spürhunde

Zum Beispiel am Tisch im Bazar
Raschelt die Zeitung da
lächelt einer scheu

Und nickt mir zu wo ich doch weiß:
Du gehst nie wieder
den Mönchsberg hinauf

Und der in der Steingasse der konnte Derrida
im Schlaf und Baudrillard und
irgendwann die Flaschen nicht mehr zählen

Eine radelt mir immer entgegen
in der Hellbrunner Allee
(dort traf ich sie in ihrem Leben nie)

Schon ist sie vorbei
mit ihrem surrenden Rad
dem Tritt ihrer berggestählten Beine

Ich seh ihr nach
unter den wachsenden Schatten
der Bäume

Schau rauf und höre über mir
als hingen zarte Kabel drin
Gespräche

gespinstfeine Nadelstiche im Grün
zwischen Dort und Hier

So bin ich in Salzburg
nie alleine

Angstblüte *ab dem 11. März 2011*

Im Schatten vor der Ampel versteckt
unterm Asphalt das Herzwurzelsystem
Grün!
Wir starten durch und sehen rechts
und links die Kastanien
                           explodieren
     Blütenkerzen
             krachendes Wüten
       Zäune
                   kippen holziges Bersten
              Äste
        schleudern
zurück in die Erde hetzt das Gras
die Häuser schütteln   sich
       als   werde jetzt was gründlich
vor die Hunde gehn

Doch eine Sekunde
                 danach sehn wir die Welt
        hält sich
wie immer die Straßen Häuser
stehn kein Aufgeschäume oben
kein Chaos unten keine

Flucht wir beschleunigen   die Bäume   hinter uns
schrumpfen   sie sind sagst du allein
gelassen in ihrer scharlachroten Wucht

Gottesteilchen

Übers Gesicht wischst du mir morgens
mit leichter Fingerkuppe öffnest alle Programme

gleichzeitig vergessen wir nicht das Wirbeln der Gottesteilchen
in uns wenn wir vors Haus treten und die Vögel

keinen Alarm zwitschern der Himmel in Schleiern
zwischen den Zweigen hängt zartes Rieseln auf Mützen

strahlendes Gesprühe Sternstaub irdischer Zeit

Wach

Heute nacht legte sich
der Engel wieder zu unseren Füßen
ins Bett

danach

*

heulst unter fließendem Wasser du

nun den Tag an

eine Begrüßungsarie, ein wildes Lob

*

Woher ich weiß, daß meine Zehen den Engel berührten?

Schau meine Zehen an:
Sie sind entsetzlich grob

(Es heißt doch, daß, wer einen Engel trifft, dann
lange keine Menschenhaut mehr schön finden kann)

Gartenlied

Meine Großmutter kniet im Blumenbeet
sie hackt und flucht und späht
sie schwitzt und gräbt bis ihr Nacken bebt

*

Die Zeit in der Küche die wird mir lang
im Beet da blitzt die Schere

Aus dem Radio flötet Weltuntergang
im Magen grummelt die Leere

*

Im Garten geht es ums Gartenwohl
das heißt es geht ums Entdecken und anderes dann
von viel zu vielen Schnecken

*

Zurück kommt die Großmutter mit Siegesblick
stumm stehn die Blumen herum

Draußen liegt vieles nun Stück in Stück
Großmutters Rücken drin bleibt krumm

Am Attersee

Für H. H.

Kein Rosenwind, kein Segel am See,
alles ist still.

Ein Abend, der noch den Sommer
ahnen, uns lachen läßt, sprechen
von Geliebten, die im Sand versinken,
von Booten und Botschaften und
weitsichtig trinken unsere Toten
mit uns am Tisch.

Ein Schwan zieht seine Bahn, ein Fisch
wirft Blasen, zartblau buckelt
das Höllengebirge den Horizont.
Wir sehen hinüber zum Schloß, zum Steg,
auf dem die Enten schlafen.
In welchem Traum sind sie daheim?

Am Weg zurück, in einen anderen Hafen,
an dem einen Baum vorbei, der Hand,
die in den Himmel schreibt,
seh ich am Feld Karfunkelfeen wachen
und Wörter fliegen, Treibgold
übern Kukuruz, sternweit

in die Luft.

Trostgebiet Wald

Wovor wir fliehen steht im Haus
am offenen Fenster – Wartet nur! –
die Faust

Unsere Füße fliegen – jetzt!
Dreh dich nicht um! – hinein ins rettende
Gräsergesumm –

Ein Sprung noch!

Da ins Dunkel – nun sind wir Blinde
fast

Moosgefunkel Wurzelwinde Glitzerkäfer Mückenleuchten
Seidenfäden Rindensingen Farngeklingel Zapfenspringen
Mutter   Vater   Kind

Wo auch immer wir sind
liegt das Trostgebiet
Wald
hinter dem Haus

Hollerbusch huschhuschhusch
bäumen wir uns öffnen wir
lachend
die Faust

Warten auf den Anruf

Mein Kind läuft über Blumenwiesen
mit Hütchen Kleid und diesen
sehr grünen Schuhen die man jetzt nicht sieht

Wie soll ich –

Mein Kind wirft Steine Küsschen Bären
warum fragt es müssen die Menschen sterben

Wie –

Mein Kind rollt Augen Dreck und Walderdbeeren
wie soll ich ihm den Tod erklären

Es klingelt –

Mein Kind klärt mich auf am Wickeltisch:
Die Sonne Mama ist gelb
weil sie traurig ist

Von Neapel nach Cuma

1   Ach machen wir uns doch nichts vor
dieser Himmel heute ist falsch
das Zitronenblau bleibt
ein Versprechen hier
riecht es nicht gut

2   Wohin fliehen
Sonnenfäden februarfein
verführen dich ins Offne

3   Zur unteren Welt zur uralten
Grotte da hockst du hier hütet
die Sibylle dies selbstlose Licht
und Stille

streicht

übers morderfahrene Meer

Olympiaberg, München 2007

Auf diesem Hügel überseh ich meine neue Welt!
Da grüßen Schloß und Schwaige, da brummts in O2 und BMW,
auf der A9, im Chinesischen Turm, und da, wo ich steh,
ist der Odeonsplatz nicht weit, auch 1914 nicht,
da steht einer, ganz klein, mit jungem Hitlergesicht.
So eine Freude! Schwenk den Hut! Endlich Krieg!

Auf diesem Hügel überseh ich meine neue Welt!
Das Kind hüpft vor, es macht sich lustig.
Ich seh die Stadt sich sonnen in ihrem Oktober-Tun,
seh über Spitzen, Kolonnen, grüne Matten. Und seufze nun:
Das Kind will übern See mit dem Plastikschwan und
außerdem hinauf zum Olympiaturm fahrn.
Ich warte in seinem Schatten.

Es ist immer wieder ein Fest

Füße, maßlos

In aller Früh wollen meine Füße ein Taubad
nehmen vom Fenster aus seh ich sie
springen im Wiesenschaumkraut in
Schafgarben verschwinden an erschrockenen
Schnecken und dort an den Nickenden
Milchsternen vorbei diese Füße spuren
wild durchs Gelände bloße Eroberer
nackt dreckig und unabhängig

von der aktuellen Nachrichtenlage
erwarte ich sie später
duschend zurück

Nacht, besonders

Aus dem All sinkt die Nacht
mit glitzernden Nägeln
heute kein Totentuch

Du streckst dich steckst dir
Leuchtsegel ins Haar suchst
die Wege wo

Niemand jagt

Unreines Liebes-Sonett

Indem ich deinen Namen ruf, betrete ich die Wohnung schon,
in der wir beide Schatten sind
von Engeln, die in Ecken kichern, nun aber geschwind
unhörbar tun.

Ich reiß die Türen auf – es sind nicht viel –
und schau aus jedem Fenster. Trägt dich
dein Engel Huckepack dort übern Ginster
mit unbekanntem Ziel?

Ach nein. Da unten bist du ja, den Rucksack schwer
voll Wasser, Wein und Bier.
Und ganz vergnügt gehn deine Blicke nun umher,

als wär dein Rücken frei und in der Straße hier
ein Ort, wo man ganz leicht und ungefähr
nach Hause kommen kann. – Beschwingt. Beflügelt.
   Von allen Lasten leer.

Der Himmel verschwendet sich

1   Der Himmel verschwendet sich
    über der Stadt und die Leute schlendern
    verwandelt unterm südlichen Blau
    für einen Tag und für viele Stunden
    die sonst so ungenau vorüberziehn

    Wie es hier duftet! In U-Bahn Schächten
    landen mehr Münzen in offenen Mützen
    Eine Faust wird zurückgesteckt ein Messer findet
    kein Fleisch im Museum schmunzelt
    die Berliner Göttin ihren Wächtern hinterher

2   Und wer steht seidegrau in der Trauerweide
    am Lietzensee – seit gestern vorgestern schon?
    Der Reiher!

    Reglos   ohne Ton

    Oben grenzenloses Blau und bloß
    ein einziger Wolkenhauch

    Da: Ein Bleistift-Strich! Ein Rausch
    aus Grün! Ein Flug hinauf!

    Und wir alle feiern
    die Vogelhochzeit mit diesem Wattebausch

Hochzeitsreise, Patmos

Das ist die Insel der Offenbarungen
des Johannes ein apokalyptischer Ort
geeignet für Einsicht Umkehr vielleicht
auch für zuversichtliche junge Paare und
Stimmenfänger himmlische höllische

Was aber hören die verwunderten Ziegen
am Strand wo wir morgens meckern und
Todesanzeigen ins Meer werfen und uns
hinterher in einem Anfall
sinnlosen schäumenden Glücks

Dies also ist die wehrloseste Liebe

Dies also ist die wehrloseste Liebe von allen so also
war das gedacht von Anfang an so unvorbereitet so
weich vom Wundern und Warten wachs ich
mit dir meinem Dezemberkind über den Sommer
hinaus hinein in einen einmaligen September der es
bunt treiben wird mit uns zwei aber sicher
haben wir ja das Bibbern den Dreck den Schnee
überstanden das Berliner Klima von November bis
Märzapril atmete ich im Mai alle Fliederbüsche aus
und hinunter zu dir – (damit du ihn speicherst
den Lieblingsduft deiner Urgroßmutter
die im Voralpengrab liegt) – spürst du sie
hoppla mein wildes Kindchen
jetzt kommen die Sommerreiter und ihre Winde
jetzt sind wir ein Ballon du und ich
schweben geradewegs über die Stadt und
oben ins blaueste Blau jetzt seh ich
deinen Vater da unten staunen und winken
schau nur – schau!

Klinikum Westend, Berlin *2004*

In diesem Sommer boten Rosen
mir Trost lose die einen die anderen fest
zusammen in Gruppen blühten sie weiß
und rot mir entgegen Brutknospen
im sonnenzittrigen Grün in dem wir
Plazenta-Königinnen langsam schreitend
Hof hielten mit unseren Geheimnissen so süß
beladen von allen Wespen geliebt Tag und Nacht
drangen die Schreie der anderen
an den Hals faßten wir uns legten Hand an
unsere Bäuche lächelten wie
wir lächelten

Im Hirschgarten, München

Hinter dem Biergarten, da, wo wir liegen im Klee,
dreht sich das himmelblauste Karussell der Welt.
Und alle Kinder siegen. Sie sind ein *Schatz*,
gesichert von einer pausbäckigen Fee.

Zwischen den Kastanienbäumen fliegen Bälle.
Drachen, Wespen umtänzeln unseren Platz.
Schläfrig stehen Hirsch und Reh hinterm Zaun,
machen uns die Freude: Wie willig sie an Ausgerupftem kaun.

Die Kapelle spielt seltsame Lieder.
Die Menschen lachen in ihrer Tracht.
Der Samstagsengel fliegt zu uns nieder, trinkt
Bier, bricht Brezen und bleibt bei uns – bis tief in die Nacht.

Septemberabend, Frankfurt-Dornbusch

           für Zs.B.

Dieser Abend, Du Schöne, ist viel zu kalt
und gehört uns beiden auf der Terrasse
mit Decke und Sekt und bald lecken nasse
Nachtzungen heran und Öl und Pest und Wahn
Systeme aller Art sind unsere Themen
hier aber bei Dir flunkern die Sterne flackern
die Herzen vergnügt vernehmen wir das Gescherze
in den hinteren Räumen wo unsere Kinder es
nicht versäumen den Göttern des Frohsinns
torkelnde Tempel zu bauen die später wir
mit blauen Lippen bestaunen zwei Frauen
die ihre schlafenden Kinder ins rechte Bettchen
legen und die man nun zwischen Verschiedenem
kichernd am Teppich herumkriechen sieht

Jahreszeiten mit Kind

Durch den schneeverwehten Winter kamen wir
leicht fast unbeschwert während der Frühling
rotzfrech uns unter die Decken trieb wo wir
krächzten heulten lallten nichts mehr wußten
von den Gewalten die ums Haus schlichen um
Europa die ganze Welt einfach krank
blieben wir bis in den Sommer hinein bis Flieder
und Flausen flöten gingen die Kastanienbäume
ihre Röten verloren im Grün der Asphalt sich
erweichte was dem Herbst im Hinterhalt
zum Amüsement gereichte als er sein sanftestes
Licht verschoß neben der Tankstelle da sieh
dich vor bestaunt nun unser Kind das alles weiß
und schwarz sehen kann Fackeln fliegende
Drachen Christjudenmoslemkinder und welchen
Weihnachtsmann was werden wir lachen

Der Engel hat nicht aufgepasst 2013

1 Der Engel hat nicht aufgepasst im Juni vor dem Kindergarten
Vormittag wars, kurz nach Zehn, und nur die Sonne sahs, wie
jemand den verschatteten Hof betrat, derweil der Engel vergnügt
(vielleicht, um seine Flügel zu trocknen nach diesem Winter,
in dem die Kinder Osterhasen gebaut hatten aus Schnee) –,
auf einem der harten Dachgiebel saß –

(den Frühling nicht zu vergessen, der sich im Hochwasser gefiel)

Wie also sollte der Engel merken, daß jemand das Rad bestieg
und um die Kurve bog, jäh und frohgemut –,
(so beschäftigt mit Sonnensingsang war er, mit Licht auf
geschlossenem Lid) –, und erst, als unten auf der Straße
ein Kopf aufschlug, – Alarm für jedes Engelsohr –
sträubten sich Federn, flog etwas auf, und noch bevor
die ersten Leute des Schreies wegen aus den Häusern stürzten

drückte der Engel seine Hände in aufplatzende Haut

2 Viskoserosen, zerrissen überm Rad,
das sich im Schreck verbiegt und rostig weiterdreht,

hier ein Schuh und einer da, Atemnot
lähmt den Asphalt, der sich z e i t l u p e n ar t i g
eine neue Farbe gibt, plötzlich gebeugte Rücken,
sprudelnde Schädelquelle, wo doch die Engelshände

drücken drücken drücken

3   Helle Wand, ein Kreuz, eine Uhr,
    Zwanzig nach Elf, Stechschrift des Schmerzes,
    Wo bin ich nur, hinter der rechten Schläfe wird was
    repariert, schöne Naht, sagt jemand, – Arm hoch, fein! –
    unbeirrt tackert die Uhr, – so nass und stinkendrot also
    kann eine gelbe Lieblingsbluse sein

4   Das Zimmer duftet. Der Kopf ist in eine Windel
    verpackt, madenweiß rechter Arm, rechtes Bein.
    Pfingstrosen in tosendem Rot, vor dem hohen Fenster
    hockt der Juni mit breitem Schein, zwingt alle
    Anstaltspflanzen ins Licht, Himmelsleitern,

    blaue Steigbügel in die Zukunft, müde

5   Das Arztgesicht. Das Bett, es schwingt
    hin und her, es ist ein Boot, ich bin leicht,
    ich bin schwer, eine welke Nelke ist mein Hirn.
    Die eine Schwester, – Kopf hoch, keine Bange, – stützt,
    die nächste wickelt, schüttelt, kühlt, erhitzt –,

    eine Wespe will hinaus. Vielleicht bewegt sie diese Frage:

6   Habe ich eigentlich mein Leben bisher genützt?
    Mein Kopf jedenfalls ahnt nicht, was ihm noch
    blühen wird, wie lange –
       Aus dem offenen Fenster sieht der Arzt.
       Die Wespe ist erlöst.

    Sie, sagt er, hat der berühmte Engel beschützt

Manchmal, im Frühling

Manchmal, im Frühling,
am Zaun, am Gleis, dieser Sturm aus Duft:
Rosa, Violett und Weiß, Luft
des gemeinen Flieders, lila Wogen
holen die Großmutter zurück in einem Satz –

Ihr Arm im Weitling, die Beine
breit, der Kuckuck fliegt wieder aus der Uhr,
um den Kochlöffel klatscht der Teig,
und du, sagt sie nur, bist mein Glück,
du Spatz da, auf der Kohlenkiste.

Ausgerechnet in Benediktbeuren

Ausgerechnet in Benediktbeuren
kehrte ich ins Leben zurück
bemerkte es schon vor der Trauung
unterm Regenschirm auf dem Stück
Weg zur Basilika als der Kies
von unseren Absätzen spritzte

Die Berge rundherum nichts
als eine Ahnung märchendunkel ich
sah dem Fortgang von Unglück entgegen
von Glück überrascht strebten der Pfarrer und wir
unterm korbbogigen Barock
zum Altar

Dem Schock von Engeln hier traute ich mehr
scheu zeigte das Paar die Ringe her unterm
Rock der Ministrantinnenschar blitzten Turnschuhe
mit Glitzerband die Orgel sauste die Trompete
schwang in goldige Höhen sich empor draußen
dann war Pause vom Regen und alles fror

Aber singend balancierten alle
über Pfützen schwebten Seifenblasen
maibaumhoch drinnen im festlichen Saale

zwischen Wiesenblumenvasen und Herbstheuluft
tanzte ich plötzlich hervor
aus meiner ganz speziellen Gruft

Küchenverschwörung, einmal im Jahr

In welche Wünsche wirst du
eingerollt an diesem letzten Abend
staks ich auf Zehenspitzen weg
von deinem Schlaf es
knacken Boden Fenster Türen auch
das Gartentor ist eingeweiht und alle Töpfe
wispern Zaubersprüche heimlich lassen Herd
und Backrohr in der Küche sich erhitzen
und in Schränken in Kommoden scharren
die Komplizen unsrer Mischmaschine:

Mehl und Milch Eier und Schmalz
das Salz zwirbeln drei Fingerspitzen
und der Zucker diese sanfte Lawine
erheitert den Teig

Später stürzt er auf den Teller eine runde
eine duftende Angelegenheit
auf die ich heiße Schokolade gieße Herzen
streue während dein Vater seine Nase
in die Schüssel steckt und leckt
mit rotem Mund vom Luftballonaufblasen
und dann: ein Berg von Gähnen
als er den Geburtstagshasen
– safranfellweicher Triumph über die Tagesthemen –
aus seinem Versteck befreit und glanzvoll verpackt

Nun tanzt ein Elternpaar im Dreivierteltakt
zwischen den Händen schlingert Sekt

Dieses Jahr werden zehn stolze Kerzen
in den Guglhupf gesteckt

Es ist immer wieder ein Fest

Wenn wir endlich aus dem Ozean
kriechen den Seeungeheuern
entronnen den Urtiefen dem letzten
Grund entkommen dem ewigen
Dunkel wo kein Atem möglich kein
Denken ist nirgends ein Halt nur
Schweigen Stille aus Beton kalt kalt
kalt dort unten Not

Lichter von Staatsquallen
Kettenpolypen Riesenasseln
Abgeordnetenkammer der Tiefseemonster
Augen Spähaugen Teleskopgeglotze
Chitindemokratie im Finstern
stochern seit Beginn aller Zeit
kommen wir fragen wir uns davon
wer wird ihm jemals entfliehn

Dem Unterweltkönig Gottschwammkörper
Zyklopenblick Speichelspur
mythischen Baumeister des Jetzt

Alles keucht schwitzt hetzt
aufs rettende Land – Wurmfortsatz!
Schrein wir nach hinten – Popanz!
Algenschaum! Wasserwitz!

Und meinen Schuppenschwanz, den schlitz
ich auf wie alle nun am Strand der Aufgewachten
herrschen muntere Messer ein wilder Tanz
zuckt Fisch wird Fleisch spuckt Blut
und unsre Füsse stolpern immer besser

Über den Sand mit seiner frischen Flut
über all den grauen Glanz

Wo der Bärlauch tobt

Wo der Bärlauch tobt

Neuerdings dehnen die Abende sich weit
in unsre hellen Gärten hinein, in denen allerhand geschieht,
Getschilp, Gezischel der Würste, Schlachtrufe,
und geübt lauschen die Fuchsfeen im Festtagskleid
diversen Wendehälsen, da, wo der Bärlauch tobt:
Käuzchenküsse, Fliederrausch
hautnah, die übliche Polka der Gelsen.

Unter Glühwürmchen versammelt zeigen wir
kalte Schultern, keckes Bein, bestaunen Wagen
groß, klein, Schütze, Schwan, Pfau, Widder, Stier,
später sinken wir hier, auch dort, ins schamlose Gras,
die Nacht vervielfacht derweil ihr Sternenmaß,
und wärn wir nicht so beschäftigt zwischen Käfern und
Schneckenleim, könnten wir sehen:

Der Schlangenträger leuchtet strahlend uns heim.

Am Wegrand, einen Maulwurf entfernt

Er lag am Rücken zweizähnig
Zartrosa Krallen waschmaschinenrein
Das Fell aus schwarzem Samt

Sein dünner Schwanz ein schmutziges
Stäbchen stak zwischen
Küchenschelle und Gedenkemein

In diesem Blütenkranz aus Blau
und Gelb und Violett lag er so
ohne Argwohn so für sich allein

Als wär er kein Vertriebener
als kehrte er in Kürze – bald – Nein gleich!
zurück in seine Unterwelt

Gern hätt ich ihn berührt

Nur in einen Traum schien er verirrt
Zu sein dem Traum vom Himmelreich
Voll saftig schwarzer Erde

Wäre nicht schwebebalkengleich
diese Schmeißfliege
seinen Schwanz entlang balanciert

eifrig Richtung Festtagsmahl

Capri –Theater 1

Jeden Tag fiel eine
dieser Trompetenblumen

Die Fliesen klatschten
Beifall

Rötlich beugte sich
der Strauch

Hören und Sehen   *Herbst 2014*

Unerwartet kamen sie wie die plötzliche Kälte
letzten Oktober Kamerateams zwischen den Hecken

Gemeine Strauchdiebe die ihre Beute in Bilder steckten
und ausstellten Tage später im Lokalprogramm

Wie immer gingen wir mit dem Hund hinterm Haus
vorbei am Ort für die Jugend aus aller Welt

Ein Rest Glühbirnen blinkte „Welcome
zum Oktoberfest" bis ins hinterste Zelt als plötzlich

Familien in feuchtem Wiesengrund lagerten
afghanische syrische junge Männer aus Eritrea dem Senegal

kickten auf schmalem Fuß

*

Abends tönten die herbstlichen Wälder afrikanisch

Lagerfeuer Trommeln wachsamer Gesang und Schluß
war Punkt Zweiundzwanzig Uhr

*

An der Eiche beim Morgengang sahen uns ein Vater
und seine tapsenden zwei Kinder

fürchteten sich nicht vorm schwarzen Hund

*

Geschäftig wie selten blieb es in unserer Siedlung

wochenlang schleppten die einen Taschen
zum Zeltplatz die anderen ihre verschlossenen

Räder und Roller in die wohltemperierten Keller hinab

Manhattan – Flug

Madame Liberté war von oben betrachtet
eine Schachfigur Arm hochgestreckt

als bitte sie um Hilfe ihre Mitspielenden schon
im Hudson ertrunken oder im Himmel

angekommen wie wir in unserm Touristen-
Helikopter gespiegelt vom UNO-

Hauptquartier ein verzerrtes
um sich kreisendes Knatter-Insekt

Capri – Theater 2

In der Grotte schlug
grünes Wasser uns

an den Felsen

Wie wir heulten

mit dem Wasser
mit dem Felsen

Fehlfarbe, Oktober

Kein Zweifel etwas schnappte
sich gleich zu Beginn alles Gold
es war abzusehen dennoch taten
wir überrascht der übliche Raubzug
gleichgültiger Götter das ewige Theater
zum xten Male mit nassen Füßen stehen
im Kastanienhagel Schuld zuweisen schneiden
wir uns Fratzen in bockige Kürbisse ergeben ringeln sich
unterm Stiefel unter den Reifen auf allen Wegen nun
Matschbraun Müllgelb Schlammorange
es quietscht und schmatzt kein
Sonnenflammen in Blättern
kein Strahlenkranz
voller Triumph
kurz vorm
Fall

Schneeangriff

Schon wieder Winter, diesmal früh, mit wildem Schnee
und Eis, das Masten bricht aus manchem Fundament.
Bei uns hier drinnen röcheln Kerzen leis. Wir sehn,
wie überflüssig Tiefkühltruhen sind.

Gleich wird das alte Leben wieder nach uns greifen!
Gleich werden wir wie immer Sterne stechen,
Zweige richten und aus dem Fenster schaun ins Licht.

Das Land liegt ruhig und alt. Es sieht, was wir nicht wissen:
Es gibt das Draußen. Und es gibt uns.

Kein Ungefähr. Und kein Entwischen.

Fahrt nach Osten 2003

Warum wir aufgebrochen sind
zwei freundliche Figuren zumeist mit gewissen
Vorstellungen vergänglicher Art die Haare
schräg in polnischer Zugluft passen wir gut
aufeinander auf den Boden brauchen wir
nicht für unsere gottlosen Gebete keine alte
Heimat in hitziger Erde keine Knochen
suchen wir kein bleiches Kreuz mit Zeichen was
fragt der Mitreisende was uns an diese Orte
treibe schmeißt seinen Arm in die reizende Gegend
Transkarpatien ich sammle sagt er Orden
zeigt seine Hand Wappen dort wo
die Uhren alle Zeiten schlagen und die Leute
lachen in vielen Sprachen weinen pflückt er
Metall und bunten Stoff aus dem Land

In Drohobycz

zur Erinnerung an Bruno Schulz

Auf den zertrümmerten Stufen die Braut
ein windzerzauster Engel um die Ecke
treibt es einen Mann zur Villa da
wohnten Kutscher und Königin
an der Wand und das zimtbraune Gewehr

Wir stehen draußen sechzig Jahre später
hören die Luft sich teilen ein Zischen
das Ächzen sagt einer kommt da her
vom Wald

nicht vom Hügel drüben mit dem Förderturm
sagt einer die Bäume von Bronica
hört nur biegen sich wieder
vom Es-war-einmal-Sturm

Hermes in Transkarpatien 2003

Soll ich springen oder fliegen
überlegt er mittags
mit gebreiteten Armen
hoch oben am Kupferdach

Heiß ist Mucaceve im Sommer
eine Stadt mit vielen Zeiten
hinter verriegelten Türen Wispern
Fenster die in buntdunkle Vorzeit führn

Am Kaufhausdach tänzeln derweil zierliche Füße
und wie seine Flügelschuhe glänzen
sehen auch die Karpaten
weit hinten am Horizont

In ihrem gleichmütigen Grün erwarten
sie weder Sturz noch Flug und wir
in Herrn Molnars Weinlaube lachen hier
vielsprachig zugetan einem anderen Gott

Lwiw/Lwow/Lemberg *1998*

Was weiß man eigentlich vom Land
aus dem man kommt was von der Stadt

in der die Straßen Häuser habsburggelb
ermüdet fremd die vorgestreckte Hand

an alten Frauen Kopftuch Maiglöckchen Flieder
vor dem Bahnhof Dom hier ist der Markt eine der vielen

Synagogen waren einmal Blicksturz
jetzt Asphalt die Männer am Boden

liegen Essiggurken Brot
nicht alt sind zahnlos ihre Beine mal links mal rechts

mal alles in anderen Ländern geblieben
Auf Bleistiftspitzen zittern Mädchen vorbei

mit Röcken so hell die Haare fliegen dunkel
im Kastanienblütenmai und wir aus dem Westen

verzaubert immer verzaubert und reglos
wie Reptilien in wechselnden Kriegen

Skizze: Floß der Medusa

Weniger waren wir geworden

*

Auch die Tage zählte keiner mehr
jeder lang wie ein Leben
das einzig der singenden Sonne dient

*

Rutschendes klaffendes Holz

*

Irgendwann wurden wir selbst
zu Schiffchen und die Sonne webte
glühende Fäden durch unser Auf und Ab

*

Wasser maßlos
wütende Wüste

*

Dann begann
die Sonne zu brüllen

Unerhört tief
dies Tosen einer Höllenorgel

Oder waren es Sirenen
eine schrie – so schien es – nur nach mir

                        *

Nachts klapperten unsere Knochen

Das Meer starrte uns an
riesiges graues Auge

Salz und Hohn

Reisen Vergehen

Immer reist uns der Tod hinterher
wenn wir uns sommers in Abenteuer
stürzen ins wildgewordene Meer
von Patmos wo weder Gott uns erreicht
noch Teufel aber das Telefon
mit Mutterstimme bröckelnd die Zeitungsnotizen
und apokalyptisch auch der Balkon
in Ushgorod mit plötzlichem Empfang für westliche
Nachrichten immer zu früh gekommen
legen auf Capris Geblühe sich
Schatten auch und schwarz gescheckt die Sonne
schwankt überm Monte Solaro zu dem wir
schweben und uns wundern werden
über den Blick von oben diesen Tumult
verstümmelten Blaus

Französische Meister
　　　　　　　　　　　Eremitage, 1982

1　In Leningrad gingen wir übers Wasser
　 der gefrorenen Newa wie Abgesandte
　 von einem anderen Stern

　 Schneewolken an den Stiefeln
　 sahen wir schon von fern
　 die endlose Schlange der Vermummten

　 An der wir vorübereilten leicht
　 beschämt und forsch durchwunken
　 von einer händeklatschenden Geheimperson

2　Drinnen die alten Meister hingen
　 gleichmütig konkret als wüssten sie
　 alles von dieser Welt

　 Während draußen im Eisloch
　 dieser kleine Hund ersoff –

　 Noch heute kann ich ihn hören –
　 er bellt und bellt und bellt

Stories

Rom, Protestantischer Friedhof

Der Engel hat das Gesicht auf den Stein gelegt.
Als ob er schliefe.
Ein Arm hängt zart hinunter zum Grab.
Auf dem anderen ruht die Stirn.
Es scheint, als ob sein Mund im Schlaf nach unten riefe.

Zu ihr hinab:
Emelyn Story, so erzählt der Stein, wurde alt und sehr geliebt.
Der Engel kniet sich tiefer rein.
Doch seine Flügel bleiben kalt,
auch wenn die Julisonne jeden Schatten sieht.

*

Ich wüßte gerne, was der Engel ruft.
Und hör der Katze zu, die auf dem Grab nun schnurrt.
Sie putzt und streckt die Pfote vor
und rollt sich ein auf ihrem Bett.

(Das weiß ich später: Das da hört kein Menschen-Ohr.
Nur mein Skelett wars, das den Engelsruf vernahm.)

*

(*The last work of W.W. Story:* Es starb der Mann,
als der Engel vollendet war, im Oktober, *at Vallombrosa*,
im gleichen Jahr. *Executed in memory of his beloved wife,
Born Boston oct.1820 Died Roma jan 7 1895.*)

Vilenica/Lipica

für K.-M.G. und L.H.

Wie sie da stehen auf dieser Wiese
Schneekörper
aus kaiserlicher Manufaktur
wie Brautschleier ihre Mähnen

Porzellan de luxe
Wunderwerk allen Zähmens:
Was nur wittern sie?
Welches Jahrhundert weht ihre Nüstern an?

Das Rasseln des k.u.k.-Karussells vielleicht
trunkenes Tätscheln die kreischenden Kutschen
hören nur sie allein die lüsternen Peitschen
aus Wien das Knallen überm Karst

Das Schlittern das Fallen
du starrst ins Bild deine Großmutter
murmelt Partisanas haben die Juden
geholt nein lächelst du nein schlaf ein

Du träumst und drehst dich um
zum Traum vom Überleben zum Meer
von dem der Wind treibt nach Štanjel
ein leichter mitteleuropäischer Tanz

der Lüfte wie im illyrischen Traum
in dem schwarze Fohlen zu weißen Pferden
wachsen – fliegen – fliegen! – und Flügel
nicht verloren werden

atemlos unterwegs

Unter den Schirm der Melancholie

Am Lido di Venezia, wo sonst, schlüpf ich
unter den Schirm der Melancholie.

Während das jauchzende Kind
von Schatten zu Schatten springt,
dem Wasser zu, das kein Ende verspricht,
lieg ich in willkommener Apathie.

Draußen am Horizont schmiegt dämmrigblau
ein Tanker sich ins schräge Bild.
Licht fängt der Schirm über mir, hitzerauh,
träge wende ich den Blick. – Doch halt:

Da steht jemand, da vorne am Strand,
ein Taucher wohl, eine dunkle Gestalt –
der winkt, – mit erhobener Hand.
Er winkt zu meinem Schirm.

*

Ich schließ die Augen. Ich mach sie auf.
Der winkt ja mir. Schier in den Sand nun press ich mich,
ich kenn dich nicht, nur weg von mir, verschwind.
Der aber, wie eine Maschine, stur, winkt weiter zu mir her –

*

Aufwachend hör ich noch immer jubeln das Kind
und noch mehr Kinder, Buntpunkte im tiefblauen Meer.
Kein Tauchersmann – so pocht es nun in meinem Hirn.

Nur draußen im Meer steht der Tanker wie vorher –
stumm bleib ich liegen unter meinem Schirm.

*

Später, beim Packen, seh ich die Wolken
das Blau vom Himmel fegen.
Es ist ganz still.
Es ist August.

Und als das Kind zu hüpfen beginnt und juchzt:
– Schau! Hättst du nicht geglaubt! –
steh ich plötzlich aufrecht
im warmen venezianischen Regen.

Tragödie, griechisch

Wenn wir zum Flughafen fahren, wird die Eselin
weiter um den Olivenbaum kreisen,
hinten, im struppigen Feld.

Die Katzen auf ihren Plastikstühlen
werden kein Auge öffnen und der Hund nicht mehr
gejagt von den Kindern der Gäste.

An den Flaschen erfreut sich dann die Strandbar,
die Costa finden wird im Sand.
Endlich kann er die Musik so laut aufdrehn, wie er will.

*

Nachts werden die Netze ins Wasser sinken
und zwischen den Fischen Muscheln liegen, still
und zart wie Zähne gefallener Engel.

Geübt seit Jahrmillionen wird das Meer
sich frischmachen, unbeirrt
blaugrün, drüben in der Bucht.

*

Während wir lachen werden, oben, in dünner Luft,
wird die Eselin immer noch um den Olivenbaum gehn,
lauschend, auf leisem Huf.

Und alle wissen:
Es ist ihr toter Bruder, der aus dem Hades ruft.

*

Die Eselin, sie geht und lauscht und wird nicht stehenbleiben,
auch wenn die Mörderbande sie,
die wilden Hunde, wittert.

*

In unsrer Welt gelandet sehn wir die Koffer treiben,
und irgendwo weit weg, im struppigen griechischen Feld,
steht ein Olivenbaum und zittert.

Wie in Lukanien

Die Toten jene die nicht
zu Ende gekommen sind
mit ihrem Leben hocken
am Straßenrand warten
bis jemand vorübergeht leicht
seufzen wir in der Sekunde
in der sie uns bespringen
ein wenig naschen
von unsrer Kraft also
deswegen hängende Schultern
gebeugte Rücken drücken
um Brust und Kragen und

manchmal Gemurmel um unsre
Wangen wie Namen   Namen   Namen

Likithos

Wo wir Schnorcheltiere
Audienz erhielten im Wasserreich von König Oktopus.

Wo sich ein Arm lässig vor dem Höhleneingang entrollte,
und der Sardinenschwarm glänzend
salutierte wie wir.

Wo viele erste Dinge geschahen:

Der Biß der Schildkröte,
die Finger und Brot verwechselte.

Das Überstehen der Katamaran-Attacke
auf unser Kanu.

Aus der Tiefe des Blaus –
Tanz der Spiegelei-Qualle,
schwarzpumpende Punkte in Schwebegelb.

Der Jubel des Kindes, das sich plötzlich
über Wasser halten kann.

Spätsommer

Was zählt, ist dieses Licht,
das auf deinen Haaren tanzt, die Funken
in den Fichten, das letzte zarte Gefleuche,
das bißchen Frieden zwischen Gestern
und Heute, morgens die Glitzernetze
in den feuchten Wiesen, und dort,
auf der Bank, wie gemalt, ein Dreierbund:

Zwei alte Leute im Schatten,
zu ihren Füßen der leuchtende Hund